JN437998

무희 없는 무대

지성 · 감성의 메타언어
조선문학시인선 · 298

무희 없는 무대

임 경 원 시집

조선문학사

■ 책머리에

너무도 떨리는 마음으로 두 번째 시집을 냅니다.
좀 더 좋은 시 쓰고 싶어서
미루고 미루다가 이제야 시집을 낸 만큼
많은 이들에게 사랑 받는 시집이 되었으면 하고 기대해 봅니다.
시집을 내기까지 도와주신 분들께 감사드리고
좋은 시 쓰도록 항상 곁에 계신 주님께 감사드립니다.

2011년. 仲夏
임경원

임경원 시집 **무희 없는 무대**

제2부 / 메아리로만 말하는 당신

제5부 / 시집평설

제1부

역행하지 않는 삶

내가 낯설을 때

다른 세계에 살고 있는 것 같은 사람들
내게도 그들에게도 삶은 왜 이리도 복잡한지 모르겠다

단순해짐이 복잡함이요
복잡함이 단순함이요
하지만 그 사이에서 자아를 찾지 못하고 있는 나

나만은 아닐거란 자만심
난 항상 겸손하다는 단단한 오해

항시 낯설게 느껴지던 그대들이
이젠 내 안에서 따스해짐을
하지만 난 그들 속에서
내 자신 스스로 더 낯설음을 느낌은 어쩜인지
그대들 속에서 내 자아가
더 출렁출렁 흔들림은 어쩜인지

인생

알것 같아서
이젠 정말 알 것 같아서
주저함 없이
정말 주저함 없이
그대에게 다가갔죠

하지만 우린
인생의 코드가 안 맞는지
내가 이말을 하면
그댄 다른 말을 하죠

우리가 만난지 얼마나 되었는데
10년이면 강산도 변한다고 하는데
우리 마음도 이렇게
점점 바뀌어
그대 내 마음 알아주길 바래도
언제나 묵묵부답
그리고 외면

사랑 한다고
직접적으론 말하지 못하지만
숱한 눈길과 몸짓으로
난 그대에게
내 마음 다 보였는데
그댄 왜 아는 척도 안하는지

나 아직도
그대의 한 마디를
기다리고 있어요

사랑한다는
정말 온 맘다해
사랑한다는
그 한마디를

어른

누구에게든
자신을
완전히 의탁하지 않으면
아무것도 할 수 없는
어린 아기들

다 큰 어른이 되었지만
뭐든지 혼자 할 수 있는
어른이지만
아기들처럼
누군가를 완전히
소유하고픈
욕망

나 외엔 삶이 없고
항상 나와 함께하고
자신의 삶을
포기해주는

이것을
외로움 때문이라고 해야할까
아님 소유욕이라고 해야할까

아무튼 난
성숙한 어른이 되긴
틀린 것 같다

하지만 왜 이리
혼자가 싫은지

왜 누군가가
나에게 완전히
고착되길 바라는지

사람은 정말 혼자구나

내 주변엔 항상 많은 사람들이 있다고 생각했다
내가 아플 때도 같이 아파해 주는 사람들
내가 인생에서 실패했을 때에도 진심으로 위로해주는 사람들

하지만 왜
아픔의 크기가 너무 크면
사람은 혼자가 되는지
아무에게도 위안 받지 못하고
혼자 아파하며 이겨내야 하는지

죽음의 문턱에서 허덕일 때
아무도 나완 상관없는
무표정한 얼굴들
그 얼굴들이 내 인생에 얼마나
의미있는 존재였는지 깨달을 새도 없이
외로움을 혼자 이겨내야 하며
겨우겨우 나를 지탱해 나가야 하는

사람은 정말 혼자구나
그리고 골이 깊은 슬픔은 혼자 감내해 내야 하는거구나
아무리 내 손 꼬옥 잡고 곁에서 불철주야 지켜주어도
내 마음 낭떠러지 앞에서 언제 떨어질지 모르는
위태위태함 속에 있을 때
그 위로에 내 마음을 싣지 못하는 부재 아닌 부재

그래 사람은 정말 혼자구나
혼자여서 그렇게 많은 순간 우린 두려워하며 사는구나

한 사람

몇 년 만의 폭설로
길은 꽁꽁 얼어붙고
얼어붙은 길 따라
내 마음도 얼어붙는다

이젠 좀 살만하려나
마음 속에서
도사리고 있던 미소가
슬쩍 얼굴을 내밀 때
다시 폭설이 찾아와
내 마음을 다시
얼어붙게 만든다

이런 혹한이
빨리 물러가길 바라며
옷깃을 여미며
마을 버스를 기다리며
내 마음

버스안에서 북적거리는
사람들의 온기 속에서
녹아져 내리기를
고대해 보며

이렇게 꽁꽁 얼어붙은
내 마음에 살며시 다가와
날 꼬옥 안아주는
한 사람이 있었으면

날 부서지게
안아주진 못해도
내 마음속에
작은 온기라도
느낄 수 있게 안아줄
한 사람이
있었으면

역행하지 않는 삶

힘들여 노력하지 않아도 살아지는 삶
힘들여 노력하지 않아도 자연히 흘러가는 삶
그것이 자신에게 주어진 인생이 아닌지

애쓰고 힘들여도
되어지지 않는 삶에 미련을 못버려 매달리고
기어코 포기하지 않는 삶을 사는 것은
자신의 삶을 사는 것이 아니라
자신의 삶을 더욱 어렵게 만드는
역행하는 삶이 아닐지

배가 고플 때 자연히 먹을 것을 찾는 것처럼
졸리울 때 잠을 자는 것 처럼
우리 안에서 너무나 당연하게 일구어지는 삶

그것이 자신의 삶임을 인정한다면
우리는 우리의 인생을 덜 힘들게
엮어갈 수 있을 것 같다

결심 · 1

올 한해도 어김없이 지나간다
어이없게도 난 또 혼자다

그대들이 다가올 때
왜 난 줄행랑을 쳤는지
그대들에게 내 맘을 보이기 부끄러워
그냥 저냥 보고만 있다가
올 한해도
이제 넘어가려고 하는 12월 끝말에
난 드디어 결심했다

어떠한 어려움 속에서도
난 그댈 거절하지 않겠다고
지루하고 짜증나도 화 내지 않겠다고
그냥 그대가 그대로 있어주길
내가 다가갈 때까지
조금만 기다려 주길

결심 · 2

이젠 막말하지 않으리
그대의 마음속에
그냥 날 넣어두리
다시 꺼내려고 애쓰지 않으리

그냥 그대로
나의 마음을 표현하리
처음부터 그대였다는
거짓말은 안하리

또한
내 안에도 그댈
집어넣으려 노력하기
그대가 내게
아무 의미없는 사람이란
생각 속에서도

기다리다 지쳐

이젠 다른 곳으로 가리
날 항상 기다리고 있는

내 안에 살아 숨쉬는 당신
그리고 그대 안에서
살아 숨쉬고 있는 나

이만하면 우리
사랑할 이유가 충분히 되지 않을지

고립인가 고독인가

하루종일 생각해 보았다
난 분명 외톨이다
하지만 난 세상으로부터
아무와도 관계속에 있지 않은
고립되어 있는 사람인지
나 스스로 생각의 기회들을 만들어가며
나 자신과 나의 주변의 것들을
생각하고 실천하는 고독한 사람인지
결론을 내릴 수가 없다

하루종일 방구석에 쳐박혀
한 마디 말도 없이 있어도
전화 한 통 없다면
괜찮냐고 물어봐 주는 사람도 없다면
이것은 세상에서 고립된걸까
아님 고독한걸까

고립이든 고독이든

아무튼 난 외롭다
하지만 내가 먼저 주변을
찾지 못하고 있기 때문에
누구에게도 투정부릴 수 없다

난 도대체 무엇을 두려워하는가
만남이 두려운건가
헤어짐이 두려운건가
아님 너무나 냉정한 내가 두려운건가

내가 찾고 싶은 진리

많이 어두운 곳에서 밝은 곳으로 가면
조금 어두운 곳에서 밝은 곳으로 갈 때보다
우리는 훨씬 밝게 느끼는 것 같다

당연히 많이 밝은 곳에서 어두운 곳으로 가면
조금 밝은 곳에서 어두운 곳으로 갈 때보다
우리는 훨씬 어둡게 느끼기 쉽다

명암의 교차
또한 진리 안에서 밝음과 어두움은
더욱 극명한 차이를 내는 것 같다

강한 긍정은 강한 부정의 의미를 내포하고
강한 부정은 강한 긍정의 의미를 내포하듯

다 아는 것은 아는 것이 아니고
아무것도 모른다는 것은 조금은 안다는 것이고

강한 긍정과 강한 부정
다 안다는 것과 아무것도 모른다는 것
명암이 내포하는 그 의미 속에서
우린 더욱 진리에 다가서야 함에

자신과의 싸움 · 1

특정한 직업이 없다보니
하루하루가 자유로 넘쳐난다

만나는 사람도 적당히 없으니
내게 도전과 자극이 되어줄리도 만무하다

무기력한 일상
아침에 눈뜨는 시간에서부터
저녁에 잠자는 순간까지
나름의 규칙을 만들어도
흘러가는 시간에 주인되지 못하는 일상

밥 먹는 시간부터 세수하는 시간까지
자꾸 자꾸 갈 시간을 재서
나름의 자유를 적당하게 재단해서
하루의 삶에 규칙성을 부여한다고 하지만

자신과의 싸움

정말 진저리 나도록 지루하고 힘든 싸움

하지만 나밖에 없기에
나와 싸울 수밖에 없음을
꼭 해야만 하는 일정들을 만들어가며
시간의 노예가 아닌 주인 되길 소망하지만
나 혼자만의 싸움은
곧 나의 삶에 스스로 노예됨 임을

자신과의 싸움 · 2

나만의 기약 없는 약속들
행하지도 않을 무성한 계획들
그러면서 특별하고 싶은 마음들
또한 너무나도 절실한 바람들

혼자서 해보겠다는 굳은 의지들
하지만 매번 져버리는
그래서 곧 나 자신에 실망해 버리는

혼자서 해내야만 하는 인간이 가진 굴레들
벗어버리고 싶지만
벗어버릴 수 없는
하지만 누구에게나 다 있기에
조금은 위로가 되는

너무나도 게으르고
편한 것만 추구하는 나에게
나 혼자만의 싸움은
너무나 벅차다

돌아간다는 것

한 번 떠났던 마음
그 마음을 가지고 다시 돌아간다는 것

잊어버린 당신에게로
전부였던 그대에게로

마음속에 너무 진하게 찍은 종지부 때문에
지워도 지워도 지워지지 않는 그 마침표 때문에
하지만 다시 돌아가고 싶은 이 마음 때문에

어떻게 해야 하는지

마음속에 그 상처 다 지워버리고
새롭게 새겨지는 새 마음대로
다시 써 내려가야 하는지
다시 돌아가야 하는지

무희없는 무대

정갈하게 빗은 머리
너무도 진하게 한
화장 덕에
묘한 신비감을 불러일으키는
한 무희

무대 위에서는 연신 웃지만
정작 자신의 삶 앞에서는
얼마나 웃으면서 살까

인생이라는 무대 위에서
자신의 부재를 주장할 수 없듯이
꽉찬 무대 위에서도
자신만을 주장할 수 없음에

홀로 서있는 무대지만
그 우아한 몸놀림에
너무도

꽉차 보이는 무대

우리의 인생도
홀로 살아가야 하는
힘들지만 억지로라도
웃어야 하는
혼자만의 무대지만

연기를 다 끝내야
무대에서 내려와
쉼을 누릴 수 있듯이
우리의 인생도
우리에게 주어진 만큼 살아내고
나중에 하늘나라 갈 때 까지
인생이란 무대위에서
한순간도 쉬지 않고
연기해야 함을

무희가 없으면
무대는 아무 의미 없듯이
우리의 인생도
진정한 우리 자신이
주인이 되어
주어진 만큼
자신에게 할당된 만큼
최선을 다할 때

무대도 쉴 수 있음을
어떠한 무희도
무대위에 세우지 않아도 됨을
항상 긴장하지 않아도 됨을

새로운 항해 · 1

새로운 항해를 시작했다

내 마음 추억으로 꽉 차
비집고 들어올 틈 전혀 없다고
마음에 빗장을 걸고
생각으로만 만나지는 당신 앞에
내 미래를 걸었는데

이젠 새로운 그대 앞에
돛을 내렸다

보름날 둥그렇게 뜬
달님처럼

초복 쨍쨍한 햇님처럼

온 하늘 가득히 내 중심에 선 그대 앞에
태평양 한 복판 항해를 시작한다

새로운 항해 · 2

그대가
너무 가까이 있어
나 그댄 줄
몰랐습니다

하루에도
수십 번 마주치고
그 던지는
의미섞인 한 마디도
나는 알아듣지
못했습니다

내 곁에는
항상 그대가 있음을
알지 못했습니다

아직 이별을
이겨내지 못해

그대를 알지
못했습니다

하지만 이젠
그대를 향해
항해하려 합니다
단지 바라는 것은
밤 늦은 항해에
길을 잃지 않도록
등불을 준비해
주십시오

현재

어제 그제와
너무도 비슷한 느낌
하지만 뭔가가 조금 낯선 느낌

저번에도
겪어서 너무도 익숙한
하지만 뭔가가 서툰 느낌

똑같은 상황 속에서
당황은 되지만
뭔가가 같은 느낌
하지만
다른 결과가 따르는
어색한 느낌

현실을 느끼면서
우린 결국
현실에 충실할 수밖에

없다는 것

아무리 비슷해도
아무리 익숙해도
어제 그제와는
다르다는 것
다르게 헤쳐 나가고
다르게 접근해야
정답을 얻을 수 있다는 것

못난이의 꿈

소나기도 잠이 들고
햇님도 구름뒤에 숨어
더운 바람만
밤공기를 탐닉하고 있는 이밤

라디오를 통해 흘러나오는 팝송도 스러져가고
선풍기의 작은 팬들도
더위를 빨아들일 것 같이 쉴새 없이 돌고도는
한가로운 중복의 한 복판

나이가 들수록 매사에 열정은 사그라들고
나이값 해야 한다는 강박과념 속에
난 점점 못난이가 되고 싶어 진다

신세 한탄에 퉁퉁 부은 내 눈도
눈물로 찌든 내 볼도
못난이는 다 용납할 수 있으니까

항상 허허 웃으면서 살 순 없나?
그냥 다 너그럽게 용납하면서 살 순 없나?
사랑하는 이 떠난다 해도 붙잡지 못하고
웃음으로 보내는 못난이
마음은 쓰리고 아프다 해도
남들이 나에게 바보라고 비난을 해도
한 그루의 사과나무를 심는 못난이
난 정녕 그런 못난이가 되고 싶다

삶의 실재

눈으로 보이는 건
하나의 현상에 불과하다

눈뜨면 보이고
감으면 사라지는
순간 속의 존재다

어느 목사님의
말씀처럼
죽으면
현상은 없어지고
본질만 남겠지

삶이란
현상에 불과하고
죽고 난 후
우린 영원한 곳에서
실재로만 존재하겠지

현상이란 주관적인 것
하지만
실재란 객관적인 것

언뜻 보기에
구별하기 힘든
현상과 실재

감으면 없어지는
현상에 집착말고
눈을 크게 뜨고
나아가자

영원한 그 곳에서
영원한 존재로
영원히 살아가자

변절

몸은 하난데
마음은 둘이다

입은 하난데
말은 두 말을 한다

두 손가락 꼬옥 걸고
영원히 함께 하자고
맹세했던 그 손가락에
지금은
다른 남자의
반지가 끼어져 있다

맑게 개었던
하늘에
다시
소낙비가
쏟아진다

무언의 반란

현란한 몸놀림 뒤에 오는
조소띤 웃음

공생과 상생의 관계 속에
흩날리는 내 영혼

깊은 바닷 속
바닥을 다 드러낸 개펄

난 그대에게
깊고 깊은 바다도
속을 다 드러낸 개펄도
아니고 싶다

캐면 캘수록
새로운 모습을 드러내는
깊은 산 속 광산이 되고 싶다

홀로서기

나는 호올로 외딴 곳에 떨어져 있었다
아무도 내 곁에 있지 않았고
그 누구의 목소리도 들리지 않았다
하늘의 천사가 잠시 나를 굽어보다 싫증을 내고 가버렸다

오늘도 나는 한참을 울었다
다 운 후에 보니 하늘에는 무지개가 걸려있었다
무지개와 나는 가벼이 인사를 나누었다
그러나 아무도 토라진 사람이 없었다

배가 고파 잠시 우물을 찾았다
선잠에서 깬 눈을 뒤로 한 채
나는 우물곁을 바쁘게 스쳐지나갔다

모든 것이 운명이라는 탄식도 잠시 뿐
오늘도 하늘에는 검은 별이 떠 있었다
사랑해요 그대여
그러나 빈 껍데기 소리였다

살아있음을 느끼고 싶습니다

차가운 바람도
이젠
포근한 바람에 밀려나고

얼음짱 같던
차가운 내 맘 따스해졌지만

나 아무도 찾지 않는 공간 속에서
홀로 숨을 헐떡입니다

그대 없이는 한 순간도
내것일 수 없는데

그대는 내 삶을
송두리째 묻어버립니다

이 첩첩산중에 방황하는 어린 넋이지만
나, 이곳에서 살아 숨쉬고 있음을 느끼고 싶습니다

그래도 지구는 둥글다

따뜻한
한증막 안에서
두 할머니가
언성을 높이신다

한 분은
하나님을 찾고
한 분은 부처님을 찾고

옆 사람들 시끄러워
눈치 보내는데도
아랑곳 하지 않고
이젠 책자까지 꺼내든다

한증막 안의 사람들은
왠일인지
불교신자가 훨씬 많았다
코끝에 안경을 걸고

얇은 성경을 보시던
흰머리 양반께서는
기세에 눌려
목소리에 점점 힘이 빠졌다

전세가
불교로
몰아져 갈 때
한 켠에서
지켜보던 나
소리없이 지껄인다

그래도 지구는 둥글다

축복

나 지금 이대로가
가장 행복한 순간인지
정말 몰랐네

순간 순간에 최선을 다하면
행복이 밀려들겠지
고통에서 나 자유롭겠지

하지만
하루하루 다가오는 인생의 고통 앞에서
피하고 싶은 일상이 가고 또 가고
순간에 최선을 다하면
행복이 찾아오리라는 생각은 저 편으로

오늘 지나 내일 오면
더 좋은 날이 오겠지 하며
최선을 다 하는 오늘이
너무 힘들어 피하고 싶은 오늘이

내 인생에서 가장 행복한 때라는걸
나 오늘의 삶에 최선을 다하며
지나왔던 하루를 되돌아보며 알았네
괴로움 속에서 불행이 조금씩 조금씩
빗겨가고 있는지
나 정말 알지 못했네

하루의 짐은 나에게 무겁게 다가올 지언정
그 힘든 하루에 최선을 다하면
먼 훗날 내게 행복이 찾아옴을
나 이제 알겠네

고통에 대하여

살아있음이 느껴지지 않는
순간 순간에 찾아오는
당신

나로 하여금
살아있음을 절실하게 느끼게 하는 당신

아무 감동없이
아무 생각없이
하루하루를 보낼 때
삶에 브레이크를 거는
당신

당신으로 하여금
난 살아있음을 느낍니다

왜나하면
고통의 주체는 바로
나이기 때문입니다

소망

– 꿈에서 깨어

현실이 싫어서 매일 잠만 잤다
물도 마시지 않았다
그냥 그저 잠만 잤다

가끔 깨어있을 때 난 허공을 보았다
허공 속에서도 보이는 그대
그런 그대가 싫어서 잠만 잤다

그러나 알지 못했다
자면서도 내가 자라고 있다는 것을

여전히 난 잠만 잔다
하지만 난 이제 안다
매일 매일 난
자라고 있다는 것을

고민

40을 가깝게 느끼는 지금 이순간
난 한가지 고민에 빠져든다

햇빛이 찬란한 날에만 나타나는 그림자
나에 대해서 가장 잘 알지만
좀처럼 모습을 드러내지 않는 그림자와
매일 밤 나를 비추는 달님
하지만 밤에만 나타나는 그 달님 중
난 어떤 선택을 해야할지

아직 내 반쪽을 제대로 만나지 못해서
고민속에서 자꾸 헛물 켜는 나
내게 이런 두 남자가 동시에 찾아온다면
난 그림자 같은 당신을 선택해야 할까
아님 달님같은 당신을 선택해야 할까

흔적

여기저기 널려있는
그대의 흔적 때문에
나 죽겠습니다

무심코 일기장을 들쳐보다가도
사진첩을 뒤적거리다가도
튀어나오는 그대의 흔적

나 그런 그대의 흔적 때문에
죽겠습니다

내 마음 한켠에 아직도 자리잡고 있는
그대 때문에도 숨이 막히는데

어디서부터 손질해 나가야 하는지
어디서부터 지워나가야 하는지
정말 막막하기만 합니다

새장 속에 갇힌 새

숨이 가빠지기 시작한다
난 하늘을 날고 싶다
하지만 난 하늘이 무엇인지 잘 모른다

하지만 이것은 아닐거란 생각
더 넓은 세상이 있을거란 생각
하지만 난 새장 밖을 나가본 적이 거의 없다

난 바깥 세상에서 날고 싶다고는 하지만
정작 난 그 세계가 두렵다

하늘, 나무, 돌
예전에 몇 번 맛보았던
하지만 지금은 단지 그리움의 대상.

새장에 갇히기 전 그래도 몇 번
날아 본 적이 있어서
가끔 아주 가끔 난 그들을 기억한다

하지만 새장 속이 너무 익숙해져서
난 바깥 세상에 나가는 것이
한 편으론 숨가쁘게 기대되지만
그 기대를 집어삼키는 두려움
그 두려움으로 인해
난 아직 새장 속에서 살고 있다

암 투병중인 언니 곁에서

옆에서 지켜보기도 너무 힘겨운 날들
언니의 마음은 어떨지 상상할 수도 없다

식구들 걱정시키지 않으려고 자꾸
웃음짓는 건 알지만
그 속 빈 웃음, 허공을 헤매는 두 눈동자

어려움은 이제 한 소금 지나갔다고 하지만
주위에서 죽음을 맞는 유족들을 보며
그렇게 살고 싶어했다는 뒷 얘기를 들으며
내 마음 잔잔해 질 수가 없다

하루에도 몇 번씩 언니를 위해 기도하면서
어떤 날은 언니를 용서 못할 날이 올까 두렵다

나 매일 속으로 곱씹는다
언니 먼저 가면 나 절대 용서하지 않을거라고
평생 언닐 용서하지 않을거라고

제2부

메아리로만 말하는 당신

외로움 · 3

다 모두 다
일순간에
내 앞에서 사라질 수 있다는
두려움

다른 세계로
모두 가버리고
나만 혼자 남겨질 것 같은
위화감

비 오는 오후 스러져가는
아파트 건물처럼
침참해 가는 가녀린 영혼

외로움 · 4

아무리 외쳐도
돌아오지 않는 메아리

내 마음 속에서
잠잠히 숨쉬고 있던 너

이젠 내 마음속에
그대를 집어놓고 있는 것도
허용해 주지 않아서
이젠 내 마음에
아무도 없어서
찬 공기를 마주하고 앉아
서릿발 같은
입김만 내뿜고 있는
이 처절함

누구에게라도
말하고 싶지만

말로 옮기고 나면
더욱 초라해질 것 같아
홀로 마음 속에
꼬옥 간직한 채
텅빈 가슴을
쓸어내리며
홀로 침잠해가는
외로운 영혼

가슴 속에
누구라도 있어서
가슴 한켠 쓰라린
외로움
이 외로움만
비켜갈 수 있다면

외로움 · 5

지금 그대가 내 곁에 있어
나 지금 그댈
바라보고 있어도
나 지금 그대와
같이 있어도
난 또 그대가 보고 싶다

그대가
나를 향한 마음없이
그냥 빈껍데기로만
내 곁에 있어주어서

그대가 바로 내 앞에서
나에게
쉴새 없이 조잘거려도
난 그대가
또 보고 싶고
또 보고싶다

외로움의 끝에서

나의 긴 외로움에
이젠 아무나
내 마음에 두려한다

절대 사랑해선 안되는
절대 틈도 주면 안되는 그대를
자꾸만 자꾸만
내 마음의 빈 공간에
채우려한다

올해도
어김없이 찾아온 태풍
그 태풍과 함께
그댈
매몰차게
날려보내고 싶다

아픔

맵고 얄미운 계절 겨울
이 겨울을 재촉하는 전령사
가을이 왔습니다

나를 더욱 고독하게 만들고
많은 생각 속으로 매몰시키는
이 처절하게 외로운 계절이
올해도 어김없이 찾아왔습니다

몇 달만 지나면 나이 한 살 더먹고
나이가 많아지면서 다가오는
삶의 무게들
그 무게들이 벌써부터 겁이 남을
난 어쩔 수가 없습니다

바람이 점점 차가워질 수록
내 마음도 덩달아 냉기가 돕니다
그대가 내게 조금씩 다가올 때도

내 맘속에서 그대를 매몰차게 내몹니다

어떤 이유에서든
어떤 만남에서든
우린 이별할 수밖에 없습니다
그 이별이 싫어 더욱 세차게
당신을 내 맘에서 내몹니다
그 아픔이 싫어
그대를 외면하려 합니다

날씨가 점점 쌀쌀해지고
그 날씨따라 내 마음도
점점 쌀쌀해짐을
나도 어쩔도리가 없습니다

난 이 두려움에서 벗어나기 위해
지금부터 엄마의 살 속으로
조금씩 파고들고 싶습니다

여유없는 삶이 주는 슬픔

빽빽하게 늘어선 소나무 숲에
자전거 한 대가 지나갔다

틈새 없는 소나무 아래여서 인지
그 모습이 여름 한 복판
개울에 몸을 담그고
수박 한 덩이 먹고 있는
참 오랜만에 느꼈던 기분이었다

자연과 벗할 때
좋은 시도 나오는 것을
방구석에 처박혀 책과 씨름하면서
내 마음에 지적 허영심만 채우고 있으니
좋은 글이 나올리 없다

가까운 강가에 나가
길가에 피어있는
이름 모를 꽃과 풀들을 보며

내 마음 달랠 여유가 없어
베란다에 심어놓은
화초 부스러기를 보며
내 마음 달래본다

사랑한다면 조금만 떨어져서 그대를 보자

그대가 내게
너무 가까이 있어서
먼 발치에선 그댈
바라 볼 수가 없어서
그 잦은 부대낌에
그대에게 싫증나고 말았지

그대 그렇게
밤하늘 빛나는 별처럼
영롱한 빛을
발산하는

괴테의 시
한구절 같은
그런 그대인줄은
정말 몰랐지

그대가 내게

너무 가까이 있었기에
객관적으로 느낄 틈도 없이
난 그댈 떠나보낼 수밖에
없었지

조금만 떨어져
그대를 보았다면
나 그대 이렇게 보내지 않았을 텐데
이렇게 눈물 흘리며
후회하지 않을 텐데

사랑한다면
조금만 떨어져 그대를 보자
조금만 조금만
낯선 그대를 느껴보자

가슴 앓이

금방 부서져 버릴 것 같은 내 마음
그 연약함 때문에
그댈 떠나 보냈네

나 그대 죽을듯이 사랑해
뭐든지 주고 싶은데
아무것도 줄 수 없어서
그댈 떠나 보냈네

그댈 책임지고
그댈 마음으로 보듬어 주고 싶어도
나 하나 감당 못해
힘겨워 하는 내 모습 때문에
그댈 떠나 보냈네

사랑한다고
마음 속으로 밖에 외치지 못하는
두려운 떨림으로 인해

그댈 떠나 보냈네

내 마음 그대 떠남으로
더욱 비참해지고 힘들어져도
나 이런 이유로
그댈 결국 떠나 보낼 수밖에
없네

이별 준비

아직 아무도 이별을 말하지 않았다
나 자신도 이별에 대해서 딱히
생각하지 않았다

하지만 돌, 바다, 바람 그리고
주위의 사랑하는 사람들
너무도 많은 것과 우린 언젠가
이별을 해야한다
너무나 마음이 아파도 말이다

그대와 나 지금은 불꽃같이 사랑해도
서로 없으면 죽을것 같아도
언젠가 잊혀질 그 때를 생각하며
너무 이르지만 난 조금씩
그대와의 이별을 준비해야 함을 느낀다

시간과 공간 속에서도
과거라는 시간과 그 동안 일어났었던

모든 일들과 사람들
그것들과 조금씩 잊혀지듯
현재도 조금씩 세상과 이별을 하며
하루하루가 흘러가고 있듯
다가오는 미래도 매한가지임에

다른 시간과 공간으로 멀어져갈 우리는
하늘나라에서 꼭 다시 만나길 기약하며
맘 속 깊이 흐르는 뜨거운 눈물을
조금씩 조금씩 닦아나가며
난 이별준비를 한다

눈물

사다리는 혼자 설 수 없고
사람도 사다리와 같아서
혼자 설 수 없다는 것을
너무나도 잘 알면서
왜 넌 자꾸 혼자가 되려 하니

남과 같이 있어도
사랑하는 가족이 있어도
마음은 항상
벼랑 끝에 홀로 서있는 것 같은
휘몰아치는 폭풍우 속에
홀로 내버려져 있는 것 같은

왜 넌 다른 누구에게도 마음을
완전히 내어 맡기질 못하니

무엇이든지 혼자서 해보려 하고
혼자할 수 없는 고무줄 놀이조차도

혼자서 해보려 애쓰는

사랑했던 사람 생각나면
잠깐 생각하고
잠깐 눈시울 적시다
소매끝으로 훔쳐내면 그만인 것을

왜 이젠 아무에게도 마음 주지 않겠다고
마음에 빗장을 걸고
이 살찌고 풍성한 가을, 그리고 가을 햇살
널 누구에게도 내어맡기질 못하니
왜 그 속에서도 넌 혼자 외로워 하니

텅 빈 가슴

낙엽들의 소리가 들려옵니다
내 앞에서 떼구르 굴러가던
낙엽 하나가 차가운 바람 속에서
더욱 속도를 내며 굴러 갑니다

세월이 너무도 빨라서
아직 가을을 맘껏 즐기기도 전에
도망가던 낙엽들이
한 잎 두 잎 썩어 없어집니다

겨울이 오는 문턱에서
내 가슴 속에 간직하고 있던 단풍잎 하나
그 잎 따라 나도 썩어 없어질 것 같아 두렵습니다

아무것도 없는 벌거숭이 나무들이
내 마음과 같음도 어쩔 수 없습니다

나,

스러지진 않겠지만
그대 때문에 나의 마음 더욱 더 차가운 바람과
이제 다가올 눈송이와 더불어
더욱 더 식어가는 것을
그리고 그 속도를 멈출 수 없음에
그대 향한 나의 마음
더욱 차가워 지는 것 같습니다

실연

그대를 사랑했습니다
너무도 사랑했습니다
그래서 그대가 내게서 떠나갈까봐
매일 불안했습니다
그대 떠나가면 난 살 수 없다는 것을
너무도 잘 알았기 때문입니다

그댄 내가 싫다고 한 번도 말한 적 없었습니다
하지만 항상 걱정했습니다
매일 눈물로 기도했습니다
그대가 내게서 떠나가지 않기를
그대가 내게서 자꾸만 떠나갈 것 같았기 때문입니다

하지만 내 걱정대로 불안해 했던대로
그대는 내게서 떠나갔습니다
아니, 그대가 내게서 떠났다기보다
내가 그대를 내게서 밀어내버렸습니다
항상 불안했기 때문에

그대가 날 버리고 떠날거라고
항상 생각했기 때문에
난 결국 그대를 잃었습니다

그리고 매일 기도했는데
그대를 내게서 보냈다고
주님께 원망하고 또 원망했습니다
이젠 무엇을 위해서도
기도하지 않겠다고까지 했습니다
결국 나의 불신이 그대를 떠나보냈습니다

어리석게 사랑하는 나를 보면서
이젠 정말 사랑에는 자신이 없습니다

솔직한 고백

하루만 별탈없이 지내면 된다는
삶에 대한 안주
어떤 특별한 도전의식과 열정 없이
뭔가 이루어내야만 한다는 목표의식 없이
그냥 눈물과 기도로 하루하루 묵묵히 기대하며

기대고픈 마음과
마음의 소원은 분명한데
종이에 적을 필요도 없이
내 마음 내 머리 속에 꽉차 있는데

삶에 대한 전환
이렇게 살면 안된다는 각성
행동과 열정이 따르는 하루하루
목표를 이루기 위해 과감히 뛰어드는 담대함
이렇게 내 자신이 변해가길

메아리로만 말하는 당신

먼저 사랑한다고 말하면
뜨거운 햇살 아래
소나기 안 내리나

먼저 보고 싶다고 말하면
가을 대추
설익기라도 하나

언제나
한 발자국 뒤에서
"나도"만 하는 당신
그런 당신에
지루함을 느끼고 있다는 걸
그댄 왜 모르나

추억 속에서만 만나지는 그대

고통스럽다
이 순간이
그대를 떠올리고 있는
지금 이순간이
너무나 고통스럽다

사랑했다고
말 한마디 못하고 떠나보낸
어디에도
내 진실은 없는
그 무지가
고통스럽다

보고 싶어도
만나서 차 한잔 하고 싶어도
만날 수 없는
추억 속의 그대

이젠
그 추억 속에서만
만날 수 있는
아득한 그대지만

행여 그대를 만난다면
정녕 그대를 사랑했다고
아직도 잊지 못한다고
그대에게
귓속말로 속삭이고 싶다

그댄 몰라도

내
이 가난한 가슴속에
한 사람만
조용히
살고 있었으면
좋겠다

슬플 때 꺼내서
위로를 얻고
기쁠때도 꺼내서
같이 기뻐하고

아무리 해도
좋은 생각 떠오르지 않아
내 영혼 침잠해 갈때도
마음 속의
그대 생각하며
이 우울한 마음 다스리고

불꺼진
방 안에 혼자 누워
이리 뒤척 저리 뒤척
잠 못이뤄도
이 마음
외롭지 않도록
힘들지 않도록

내
니 작은 가슴 속에
한 사람만
조용히 같이
살아 주었으면 좋겠다

그림자 같은 당신

- 외로움에 대하여

그림자 같은 당신
그댄 진정
어디에 계시는지요

그대가 내 주변에서
날 지켜보고 있음이
이렇게 확연하게
느껴지는데
왜 그댄 보이지 않는지요

그댈 사랑하는데
날 위해 그대가 존재하기 보단
내가 그댈 위해 존재하고픈데
그댄 어디 숨어계시는지요

그댈 보여주세요
그댈 내게 드러내주세요

가만 가만히 아니라
내가 여기있다고
큰소리 땅땅치며 나타나주세요

나 그대를
더욱 깊이 사랑하길
원하기 때문입니다

밸리댄스 추던 여자

어둡고
한바탕 비가 올 것 같은
더운 여름날

새빨간색 야들야들한
스리피스 옷을 입고
흐느적 흐느적
나타난 여인

뭔가
기대를 잔뜩하고
구경꾼 틈에
앉았는데

허리만
몇 번 돌리고
유유히
사라져가네

가자고
재촉하는
친구의 만류에도
꿋꿋이 기다리며
자리 지키던 나

“역시
돈 안되면 어쩔 수 없군!”

순수해지고 싶지만
그럴 수 없는
실망감 속에
난
어두운 하늘을 보며
별을 찾네

외로움 견딜 수 없어 그대를 보냅니다

같이 한 시간
한 줄의 문장으로 밖에
표현할 수 없지만

같이 한 시간들이
길수록 좋다고
그렇게 생각했지만

만나고
헤어지는
그 슬픔
잠시도 없으면
죽을 것 같은 외로움
견딜 수 없어
그대를 보냅니다

같이 한 시간들
사랑했다는

과거형의 한 문장으로 밖에
표현 할 수 없지만
만남의 기쁨보다
외로움 견딜 수 없어
그대를 보냅니다

영원히
함께 하자던 약속
이렇게 밖에
지울 수 없어도
나 그대
처절한 마음으로 보냅니다

고백

그대, 사랑 앞에 서면
사랑이 작아지나요?
사랑 뒤에서 그렇게 서 있으면
사랑이 보이나요?
너무 사랑해도
너무 그리워해도
그대 안에 내가 들어갈 수 있을까요?

하루하루 주어진 일상 속에
점점 무너져가는 내 가슴
내 안에 자꾸 거부하려고 해도
들어차는 너, 그리고 너의 모습들

숨결 조차도 그리운 너
함께 했던 인생의 행로와 지침
하나하나 풀어가다 보면
널 볼 수 있다는 착각

우리가 나누었던 많은 이야기들 속에서
차라리 혼자가 되자고 자꾸 타협해도
사랑이 자꾸만 내 마음속에서 흘러넘쳐
난 이제 그대 앞에서 연극도 할 수 없는데

기대는 것도 이제 그만
나 항상 그대 사랑안에 있음으로

내 마음 흔들리고 있나요?

모르겠다 이유를
왜 이 지루한 두 눈에서
자꾸만 눈물이 나는건지

가을 바람
스산하게 불어올 때
내 마음도 같이
흔들리고 있는건지

아직 낙엽은 지지도 않고 있는데
그 때가 오면
내 마음 어떻게 부여 잡을 수 있을지

모르겠다 이유를
이 가을 바람에
내 초점잃은 눈에서
왜 자꾸만 자꾸만
눈물이 나는건지

철쭉꽃

별을 닮은 그대는 왜 나의 시선을
그대에게 그렇게 마비시켜 버리는지요

첫 눈에 반했던 나의 사랑
나의 그대를 처음 보았을 때도
내 마음 그렇게까진 유혹당하지 않았는데

봄이 되어 지천으로 핀 꽃들
그들 속에 그냥 평범하게 피어있는
한 송이 그대 때문에 나 왜 이리 가슴이 뛰는지요

왜 내 시선을 그대에게
그렇게 찰싹 달라붙게 하는지

밤하늘 쏟아지는 별들 중에
그대를 닮은 한 별에게 묻고 싶습니다

향기 없는 꽃

가까이 다가와도
그대를 유혹할
아무 향취도 내겐
없습니다

나의 향기에
그대 내게 마음줄까
두려워
나 마른 가지 뒤로
숨습니다

그대가 나에게 다가와도
어차피 떠날 것을 알기에
난 아무 향기도
뿜고 싶지 않습니다

내 나이 이제 마흔
나이가 깊어 갈 수록

나는 점점 향기를
잃어갑니다

이젠
홀로 서야 하기 때문에
오늘도 난
여성으로서의 향취가 아닌
거룩한 향취를 내기 위해
힘든 싸움을 합니다

아무도 내게
유혹당하지 않아도
좋습니다
난 말씀 속에서
충분히 행복하기 때문입니다

여름 한복판에서

햇살이 따갑다
장미꽃 가시에 찔렸던 때보다
훨씬 더 따갑다

그 따가움이
내 심장을 짓누른다

열심히 살아보자고 두 손 모아 기도하고
오늘도 그댈 찾아 헤매지만
그댄 따가운 햇살 뒤로 숨어
쉽게 모습을 드러내지 않는다

이 더운 여름 언제쯤 가려나
나를 찾아온 반갑지 않은 시간들
그 외로움의 시간들

그 시간들을 살을 누르는
무더위와 함께 그렇게 보내고 싶진 않는데 말이다

비에 젖은 바람

오늘
바람도 비와 함께
외출 했었나 부다

칠흙같은 가로수 사이로
그대도 바람과 함께 떠났나 부다

처절한 외로움
내 곁엔 비에 젖은 바람 밖엔
남지 않은 것 같다

떠난 그대도 잘 생각나지 않는
이 밤에
호올로 침잠하는 외로운 영혼

오늘도 하루가 다 지나도록
비는 그치지 않으려나 부다

제3부

향기없는 꽃

또 가을이 오네요

벌써
가을이 오려나봐요

연신 땀을 훔치게 하던 불볕더위가
이젠
신선한 바람으로 맘을 바꾸네요

찌는 듯한 더위 지나
이 가을 바람이 반갑긴 하지만

흔들리는 나뭇잎 따라
내 마음도 흔들려
이 가을이 빠르게 지나가길
마음 한 켠에
빈자리를 남겨두고 바라 보네요

문주란

제주도 성산 일출봉 올라 가던 길
산 중턱에 쭈그리고 앉아
문주란을 팔고 있는 얼굴이 쭈글쭈글 하던
할머니 한 분에게 문주란 한 대를 샀다

제주도 특산물이라
제주도 밖에는 가져갈 수 없는데도 불구하고
나는 극구 한 대를 사고 말았다

집에 오는 비행기 안에서부터 차 안까지
마치 귀한 보석을 안고 가는 것 같이 품에 안고
집에까지 들키지 않고 훼손 됨없이 오면서
이 문주란이 자신이 과연 이렇게까지
대접 받을줄은 알았을까
잠깐이지만 뜬금없는 생각이 들었다

집에 와 화분에 심겨진 문주란은
10년 동안 한 해도 거르지 않고

꽃을 피워대고 있다
정성스레 가꾸시는 엄마의 그 정성이 고마운지
기다리고 있자면 꼭 쑤욱하고 꽃대가 올라온다

내가 직접 키우지는 못했지만
그 꽃들을 볼 때마다
제주도에서 아기 안듯 안고오던 그 때가 생각난다

충동적으로 산 문주란 한 대
하지만 왠지 모를 애착이 가던 그 문주란이
지금은 여름의 시작을 알리는
알림꾼이 되어있다

가을 앞에서

시간은 자꾸만 흐르고 흘러
내게서 점점 멀어져만 간다
내게 남은 시간은
점점 없어져 간다

어딘가에 자극이 있어야 한다
그래야 올바른 선택을 할 수 있다

오늘을 생각하는 하루여야 하는지
내일을 생각하는 하루여야 하는지
그것 또한 나의 선택에 달렸다
하지만 그 선택의 주인됨 또한
내게서 점점 멀어져만 간다

가을바람 소스란히 부는
이 계절 앞에서
난 또한 어쩔 수 없이
혼자됨을 선택한다

그대에게서 상처 받지 않고
나 또한 상처 입히지 않기 위해
마음에만 살포시 끌어안고 있음을
나 올해도 어김없이 선택하고 만다

나 이 가을 앞에서
잔잔한 바람에 흔들리는 나뭇잎처럼
잠시만 아주 조금만 흔들리기로 한다

가을 · 1

문틈으로 조금씩 새어 들어오는 바람에
가을이 왔음을 온몸으로 성큼 느끼게 한다

이 가을이 지나면 겨울
그렇게 한해가 기울여지려는 초엽
올해도 이 바람과 함께
내 마음 흔들릴까 두려워진다

그대들에게
아무거리낌 없이 다가가고 싶어도
한번의 큰 상처가 아직도 아물지 않아
이 외로움의 끝에서도
그대들을 거부하고 있음을

바람이 세어질 수록 더욱 두려워지는
이 마음

이 바람에 큰 흔들림 없이

나의 외로움 비켜갈 수 있을지

가을이 깊어갈 수록
난 걱정의 늪으로 조금씩 조금씩 빠져든다
흐르는 강물에

잡으려 해도 잡을 수 없는 강물

세월을 잡을 수 없듯이
거침없이 흘러가는 강물

그 강물에 내 시름을 다 실어
흘려보내고 싶다

내 힘들었던 세월들 그 기억들과 같이

다시는 돌아오지 않는 강물에
내 시름 다실어 흘려 보내고 싶다

반대

역시
우리 삶에
절대 행복의 순간도
절대 불행의 순간도
없는 것 같다

왜 내 인생 가운데
가장 행복한 순간에
마음 한켠에서는
가장 힘든
고개를 넘고 있는 것 같은
숨막힘이 있는지

왜 내 인생 가운데
가장 힘든 순간에
마음 한켠에서는
희망의 등불이
깜빡깜빡 점등되는지

우린
가장 행복할 때
가장 힘들며
가장 힘들 때
가장 행복한 것 같다

아마도
현재 누리는 행불행이
조금 지나면
뒤바뀐다는 사실을
우린 경험을 통해
너무 잘 알아서

은연중
마음 한 구석에
앞으로를 준비하며 긴장하므로
우린 조금씩 반대의 감정을
느낄 수밖에 없는지 모르겠다

남대문 시장

저 서슬 시퍼런 건물들
한 사람이라도 잡으려고 애쓰는
그네 주인들과 어찌 그리 닮았는지

삼라만상이 다 모여 있는 곳
그 중 길거리 한켠에 널브러져 있는
갈치, 오징어 등의 생선들

장사치들의 손에서 갈기갈기 찢겨져 나가는
수산물들과 야채들

그들에게도 제 주인이 있듯이
그들이 있어야 할 곳을
너무도 잘아는 장사치들과 손님들

적재적소에 들어차 앉아
밥상위에서 혹은 냉장고 안에서
농익어 가는 그들 오늘도 지나치며 구경하는
그들을 보며 삶의 치열함을 곱씹는다

의자

여기에 의자 하나만 있다면

거친 길 걷다 잠깐 쉬어갈 수 있고
사랑하는 연인들 오손 도손 속삭이며
서로의 사랑을 나눌 수 있도록

멀리 보이는 낙조를
마음실컷 볼 수 있는 이 곳에 의자 하나만 있다면

바쁜 일상에 지친 마음 붉게 물들어 가는 낙조 보며
힘든 마음 달랠 수 있도록 철렁철렁 흐르는 강물
그 강물과 함께 하루의 시름을 달래 보낼
이 강어귀에 의자 하나만 있다면

고단하지만 재미있는 책을 읽고
아름다운 음악을 마음놓고 앉아 즐길 수 있도록
여기에 누구든 의자하나만 가져다 주세요
누구나 앉아 쉴 수 있는 이 곳에
작지만 아담한 의자 하나만

시간은 가고 있다

매일 매일 일상이 똑같아서
하루 하루 가고 있음을 느끼지 못해도
시간은 가고 있다

거울을 보며 늘어가는 주름들
그 주름들이 갑자기 나타난 것인양 서먹 서먹 해도
그 주름 사이로 시간은 가고 있다

내일을 기약하고 오늘 할 일은 끝맺음 못해 한 숨을 쉬며
앉아있는 그 순간에도 시간은 가고 있다

열심히 읽던 책을 놓고 잠시 커피를 마시며
읽던 책의 내용을 곱씹어 보는 순간에도
시간은 가고 있다

글을 쓸 때 적당한 어휘가 생각나지 않아
머리를 싸매고 고민하는 순간에도 시간은 가고 있다

엄마와 TV

엄마는 집에 계실 때 항상 TV를 보신다
내 방에 가만히 앉아서 책을 볼 땐
엄마방의 문틈으로 그 소리가 항상 새어나온다

그 새어나오는 TV소리가 난 정말 좋다
엄마가 곁에 있다는 생각 때문이다

하지만 난 TV보는 것을 몹시 싫어한다
그래서 엄마 방에 들어가 같이 TV를 보며
이런 저런 얘기할 기회를 갖지 못한다
엄마 곁에 있고 싶은데
난 문틈으로 새어나오는 엄마의 기척에 만족해야 한다

어느새 TV는 엄마와 나를 갈라놓는 흉물이 되어가고 있고
그래서 난 TV가 더욱 싫어진다
늙어가는 엄마에게 TV가
점점 중요한 물건이 되어감이 슬프다
엄마와 내가 자꾸 멀어져가는 것 같아서 말이다

죽

엄마가 그리울 때 난 죽을 찾는다
엄마가 바로 내 옆에서 밤을 까며 앉아 계셔도 말이다
쌀 한 됫박에 참기름 조금
들어간 재료들은 너무 뻔하지만
난 그 죽 속에서 살아있는 엄마의 냄새를 맡는다

엄마의 정성으로 끓여진 죽 한 그릇
별로 아프지 않아도 볼멘 소리를 내며
엄마에게 맛있는 죽 한 그릇만 끓여달라고 부탁을 드리고
죽이 다 될 때까지 기다리는 그 설레임의 시간들
입맛없어 아무것도 먹고 싶지 않던 나의 식욕은
죽 한그릇과 함께 제자리를 찾는다
아픔 속에서 외로움을 느끼고
난 그 외로움속에서 엄마를 찾는다
엄마가 끓여주시는 죽 한그릇은
외로움을 잊게 해주는 내겐 만병치료약이다

이젠 엄마가 아프실 때 내가 죽을 끓여드려야 하는데
엄마는 언제나 한사코 됐다고만 하신다

산책 · 1

황량한 들판 사이로
넌 나를 부르는구나

아직 이른 봄
빈 들판 밖에 없는대도
그래도 오늘도 넌 나를 부르는구나

사랑했던 사람을 떠올리며 걷던 그 길
오늘은 그 길을 걸으며
오랫동안 내 마음 헤집던 그대 떠나 보내고
그 길 속에서 새로운 사랑 찾아보려 한다

이 들판은 내게 이별의 끝이며
이젠 외로움 속에 날 방치해 두지 않겠다는
약속의 장이다

오늘도 걷는 이 길이 과거를 떠나 보내고
내일을 준비하는 삶의 장이 되길 기도한다

담

우린 서로에 대해서
다 아는 것 같지만
한 편으로 다른 사람들 보다
서로를 더 모르고 있다

같은 영화를 보고 나도
똑같은 책을 읽고 나도
상대가 나와 같이 느낄거라
생각하지만 대화하고 나면
너무나 판이하게 다른
가치관, 느낌, 감동

어떤 말도 필요치 않다
그대와 나 사이는
이 이야기 저 이야기
비밀 없이 이야기 하는 것 같지만
마음 한켠에 따로 담아두는
비밀 보따리

펼쳐 보여주고 싶어도
쑥쓰러움에 혹은 창피해서
보여주지 못하는
하지만 우리에게 가장 중요한 부분들

우리 모두는 담을 쌓고 산다
자의든 타의든
의도적이든 아니든

이 담을 부숴버리고
서로에게 더욱 밀착되고 싶지만
우린 비밀스러운 삶의 방식에
너무 익숙해져 버렸다

이제 이렇게 살고 싶지 않아
이 글을 쓰지만
과연 우리의 삶의 방식이
이 시 한편으로
바뀔 수 있을까?

버스 안에서

내 실체가 느껴지지 않는다
난 분명히 버스 안에 타고 있고
버스는 행선지를 향해
달리고 있는데
내가 버스 안에 타고 있는지
느껴지지 않는다

내 생각과 마음은
이미 버스 안에서
행선지에 대한 걱정으로 가득차
버스 안에 나를 느낄새도 없이
난 달리고 있다

난 버스 안에서 물을 마신다
가방 안을 뒤적이기도 하고
운전하는 운전수를 뚫어져라 쳐다보기도 하고
옆에 탄 승객의 옷차림을
위아래로 열심히 훑어보기도 한다

하지만 옆의 승객의 실체가 느껴지지 않는다

난 살아있는 것인지 살고 있는 것인지 가끔 궁금하다
내가 잘 해내고 있는 것인지도 가끔 알고 싶다

난 내 실체가 너무도 분명해
내가 나를 느끼지 못하고 있음이 옳다
난 분명히 버스를 타고 행선지를 향해
덜려가고 있음이 너무도 선명해
난 나를 느끼지 못함이 분명하다

산책

내가 잠시 외면했던 그대는
나의 부재중에도
푸르청청
산책로를 압도하고 있구나

나 없는 중에도
보란 듯이 자라나
푸르름을 과시하고 있는 그대들

너무나 마음대로 자란 그대들은
그대들의 부재중에
내 마음에
아무도 모르게 자란 독버섯 같구나

하지만
그 황량했던 벌판이 그대들로 뒤덮혀
내 가슴 속까지 시원하게
쓸어내리고 있는줄 누가 알까?

박태환 선수 출전 경기

- 결승전을 보고

네가
수영장 3번 레인 안에서
최선을 다할 때

그런 널 보며
나 또한 펜대에 힘을 싣는다

더위에 지치고
고단한 삶가운데
한바탕 쏟아지는 소나기처럼
내 정수리에 쏟아붇는
너의 물살

그 가르는 물살에
샤워를 하며
아직 내가 A4용지 안에서 건재함을
펜대를 들고
한땀한땀 정성들이며 수놓아간다

제5부

시집평설

사랑과 고뇌의 시

李姓敎
(시인 · 성신여대 명예교수)

1. 올바른 시작 태도와 순수시

시의 여러 기능이 있지만 그 중에도 큰 것이 우리를 즐겁게 하는 쾌락기능이라 할 수 있다. 한 편의 좋은 시를 읽고 감명을 받아 즐겁지 않은 사람이 있겠는가. 그것이 기쁨의 시 대신 슬픔의 시라 하더라도 그 시가 한편 마음을 정화시킨다는 점에서 시의 기능은 큰 것이다. 한 송이 꽃을 보고 여러 미적 감각을 느끼듯이 사람에 따라 그 느낌도 다양하다.

이렇게 보면 한 시인의 시집은 그 성격이야 여하튼간에 한 꽃밭을 연상케 한다. 한 꽃밭 속에 여러 꽃이 있듯이 한 시인의 시집 속에도 그 소재에 따라 여러 시가 있다.

그 시집 속에 여러 시를 통하여 그 시인의 성격, 환경, 역사 등이 잘 나타난다. 시집 속의 많은 시는 그 소재만 다를 뿐이지 그 시인이 노래하고자 하는 방향, 정신은 그 나름대로 어떠한 흐름을 갖고 있는 것이다. 이것을 일러 흔히 그 시인의 개성, 특성이라고 할 수 있다.

이렇게 볼 때 한 시인의 여러 작품을 한데 묶은 시집은 그 시인의 독특한 세계를 잘 말해주는 꽃밭이라고 볼 수 있다.

『조선문학』 출신 임경원 시인이 이번에 두 번째 시집을 내놓는다. 시집 제목도 참 재미있는 『무희 없는 무대』로 정했다. 인생이라는 무대 위에서 공허한 마음을 아주 시니컬하게 노래했다.

> 연기를 다 끝내야
> 무대에서 내려와
> 쉼을 누릴 수 있듯이
> 우리의 인생도
> 우리에게 주어진 만큼 살아내고
> 나중에 하늘나라 갈 때까지
> 인생이란 무대 위에서
> 한 순간도 쉬지 않고
> 연기해야 함을
>
> -「무희 없는 무대」의 마지막 연

이번 시집에서는 자연의 경이라든지, 인생의 심오한 내면 탐구보다도 삶의 애환이 아주 정겹고 소박하게 잘 그려져 있음이 두드러진 현상이다.

자세한 내용 탐지 전에 먼저 그의 시 전체에서 감지할 수 있는 것은 그의 시작 태도가 시의 정도를 가고 있다는 점이다. 이러한 정도는 일조일석에 이루어지는 것은 아니다. 오랜 수련을 통해서 체득되는 시법이다.

우리 시문학사로 보면, 문단 등단의 길이 좁던 50년대, 60년대는 철저했던 것이다. 여기에 비하여 그 이후에는 좀 느슨하여졌다고 할까.

좋은 시인들도 많지만 그렇지 않은데서 많은 문제가 발생하는 것이다. 이렇게 전제할 때 임경원 시인은 오래 시의 수련을 통해서 정도를 걷는다고 볼 수 있다.

요사이 어지러운 시에 물들지 않고 자기 시론을 알고 인생을 노래하고 있다는 점에서 귀하게 평가를 받는다.

임경원 시인의 시를 대하면 선뜻 봄의 축제를 느끼게 된다. 밝은 햇살 속에 무엇이 많이 열려옴을 감지하게 된다. 그 중에서도 생명의 시, 살아감의 아름다움을 많이 발견할 수 있다.

그의 시에 나타난 인생살이의 그림자를 보면 한참 밝은 때 순수한 때임을 볼 수 있다. 그의 아름다운 인생살이에서 인생에서 겪어야 할 여러 가지 감정의 요소가 꽃처럼 피어있음을 볼 수 있다.

이렇게 보면 임경원 시인은 시의 방향에서 다른 무엇을 추구하지 않고 오직 순수한 감정을 시로 잘 승화시키고 있다.

그의 인생살이에서 그 주제 면으로 봐 많은 양을 차지하고 있는 것이 「사랑」, 「고독」, 「괴로움」 등이다.

오늘
바람도 비와 함께
외출 했었나 부다

칠흙같은 가로수 사이로
그대도 바람과 함께 떠났나 부다

처절한 외로움
내 곁엔 비에 젖은 바람 밖엔
남지 않은 것 같다

떠난 그대도 잘 생각나지 않는
이 밤에

호올로 침잠하는 외로운 영혼
— 「비에 젖은 바람」 일부

첫 연부터 재미있다.

'오늘 / 바람도 비와 함께 / 외출 했었나 부다'라고 담담하게 장식하면서 비에 젖은 바람을 외로운 영혼으로 비유하여 잘 노래하고 있다. 비에 젖은 바람을 억지로 무엇을 부여하려고 하거나 꽤 까다로운 표현도 없다. 그야말로 순수시의 전형적인 모습을 잘 보여주고 있다.

이런 인생파 시에서 그의 대표시인 「무희 없는 무대」를 비롯하여 인생의 여러 가지 단면을 순수하게 그리고 있다.

2. 사랑과 고뇌의 시

인생 생활의 감정 가운데 제일 큰 것이 '사랑'과 '괴로움'이다. 이것을 어떻게 보면 정의감도로 볼 때 '뜨거움'과 '찬 것'이라고 볼 수 있다. 이 뜨거움은 마음 속 열을 발하는 '사랑'이라고 할 수 있다.

이 사랑의 의미는 성경(고린도전서 13장)에 자세히 그 갈래가 나누어져 있다. 그러므로 사랑의 양상으로 볼 때 워낙 크기 때문에 한 단면만 가지고 얘기할 수 없다.

'사랑'의 감정에서 밖으로 짙게 나타난 것이 애정이다. 또 이 애정 가운데 속으로 사모하여 끓이는 것이 연정이다.

먼저 사랑한다고 말하면
뜨거운 햇살 아래
소나기 안 내리니

먼저 보고 싶다고 말하면
가을대추
설익기도 하나

시「메아리로만 말하는 당신」에서 그것이 잘 나타나 있다.에서 볼 수 있듯이 속에 끓인 마음을 짙게 나타내고 있다. 이러한 연모의 정은 밖으로 드러나지 않고 속으로 감추인 채 가슴앓이를 하고 있다.

이러한 시의 본보기는「인생」,「가슴앓이」에서 잘 드러나고 있다.

이 두 시에서도 공통으로 '그대'로 표현되고 있다.

「인생」에서 '나 아직도 / 그대의 한 마디를 / 기다리고 있어요 // 사랑한다는 / 정말 온 맘 다해 / 사랑한다는 그 한마디를' 와 「가슴앓이」에서 '금방 부서져 버릴 것 같은 내 마음 / 그 연약함 때문에 / 그댈 떠나 보냈네'에서 볼 수 있듯이 쟁취의 사랑이 아니라 상실의 사랑이다.

그래서 이런 상황의 시에서는 이별을 노래한 시도 몇 편 있다. 「이별 준비」, 「실연」 등이 그 좋은 본보기다.

이러한 시는 자칫 비애 정서를 잘못 다스릴 때는 감상의 시로 떨어지기 쉽다. 「이별」, 「슬픔」을 감상에 떨어뜨리지 않고 좋은 시로 승화시킨 시인도 꽤 많다. 우리 시문학사에서 보면 20년대 김소월, 한용운 시인, 30년대 김영랑 시인 등을 들 수 있다.

청순한 사랑을 노래한 임경원 시인도 사랑에서 많이 고뇌하고 있으면서도 종국에 가서는 인생의 밝음을 많이 추구하고 있다.

차가운 바람도
이젠
포근한 바람에 밀려나고

얼음짱 같던
차가운 내 맘 따스해졌지만

나 아무도 찾지 않는 공간 속에서
홀로 숨을 헐떡입니다

그대 없이는 한 순간도
내 것일 수 없는데

그대는 내 삶을
송두리째 묻어버립니다

이 첩첩산중에 방황하는 어린 넋이지만
나, 이곳에서 살아 숨쉬고 있음을 느끼고 싶습니다

— 「살아있음을 느끼고 싶습니다」의 전문

어려운 사랑의 골짜기에서 승리함을 잘 노래하고 있다.

이 시 제일 끝 연 '이 첩첩산중에 방황하는 어린 넋이지만 / 나, 이곳에서 살아 숨쉬고 있음을 느끼고 싶습니다'는 이를 단적으로 보여준 것이 된다.

또 임경원 시인의 시에서는 사랑에서의 어려움뿐만 아니라 삶에서 오는 고통의 마음을 안으로 잘 다스린 시도 많다.

여기에서 고뇌의 시를 일일이 들출 필요는 없지만 그런 시의 끝은 언제나 무엇을 제시해서 긍정적인 면으로 이끌어서 좋다.

가령 시 「고통에 대하여」에서

아무 감동없이
아무 생각없이
하루하루를 보낼 때
삶에 브레이크를 거는 당신

당신으로 하여금
난 살아있음을 느낍니다

왜냐하면
고통의 주체는 바로
나이기 때문입니다

와 같은 표현이 그 좋은 예다.

시인은 현실이 어려울수록 새로운 각오가 필요했었다.

늘 홀로 외딴 곳에 떨어져 있음을 알고 굳게 살기를 다짐했다. 시 「홀로서기」에서

오늘도 나는 한참을 울었다
다 운 후에 보니 하늘에는 무지개가 걸려있었다
무지개와 나는 가벼이 인사를 나누었다
그러나 아무도 토라진 사람이 없었다

라고 노래한 것을 보더라도 잘 알 수 있다. 홀로서기를 통해서 앞으로의 생활을 개척해 나가기 위한 의지력을 키웠다.

그의 시에서 많지 않지만 몇 자연시에서 그런 것을 볼 수 있다. 「철쭉꽃」, 「향기 없는 꽃」, 「여유 없는 삶이 주는 슬픔」 등은 그 좋은 예다.

또 임경원 시인의 시세계가 더 확장된 요인은 그의 정신을 새롭게 하는 기독교정신이다. 영원한 빛, 영원한 생명을 구가하는 그의 정신은 그에게 주어진 생활에서 차츰 향기가 일기 시작했다.

앞에서 든 그의 시가 딱한 현실을 들면서 밝아지는 것은 더 말할 필요 없이 그의 정신을 지배하고 있는 신앙 때문이다.

이런 신앙으로 그의 생활은 한결 부드러워졌고 여유가 생겼다. 그런 생활을 노래한 것이 「의자」 다. 바쁜 일상에 지친 마음을 달래기 위하여 의자 하나 놓고 자연의 아름다움 속에 묻히고 싶다는 여유를 보였다.

이번 시집에서는 자신의 신앙을 담은 몇 편의 시도 있지만 그 중에도 제목에서 암시하듯 「소망」, 「축복」 이라는 이름으로 신앙을 고백한 시도 있어서 그를 특별히 일러 '신앙시인'이라 해도 큰 손색이 없다.

이제 임경원 시인의 두 번째 시집 세계를 나름대로 살펴봤다.

오랜 시 수련기를 통해서 시의 세계가 대체로 알차서 어떤 빛 같은 것이 서리고 있었다. 또한 시의 정도를 잘 지킨 그 위에서 자기 나름대로의 독특한 세계를 보여주었다.

금년도 상반기 우리 시단의 큰 수확의 하나로 능히 꼽힌다.

•

임경원 시인은 1971년 서울 출생으로, 이화여자 대학교 영문과를 졸업했다. 2002년 조선문학 신인상에 시로 등단, 조선문학문인회, 시봉문학회 회원으로 활동하고 있다. 공저 외에도 시집에 『키작은 사과나무』가 있다.

•

조선문학시인선 298

무희 없는 무대

2011년 8월 10일 인쇄
2011년 8월 20일 발행

지은이 / 임경원
발행인 / 박진환
펴낸곳 / 조선문학사
등록번호 / 1-2733
주소 · 110-092 서울 서대문구 홍제2동 96-4
대표전화 / 730-2255
팩스 / 723-9373

ISBN 978-89-93614-65-7

정가 8,000원